Mwy o Gynghanedd Cariad

J Eirian Jones

y Lolfa

Argraffiad cyntaf: 2006
℗ Hawlfraint y caneuon: J Eirian Jones a'r Lolfa Cyf., 2006
℗ Hawlfraint y geiriau: yr awduron unigol

Mae hawlfraint ar ganeuon y llyfr hwn ac mae'n anghyfreithlon i'w llungopïo neu atgynhyrchu trwy unrhyw ddull (ar wahân i bwrpas adolygu) heb ganiatâd ysgrifenedig y cyhoeddwyr ymlaen llaw.

Llun y clawr: Ruth Jên

ISBN: 0 86243 833 0

Cyhoeddwyd gyda chymorth ariannol Cyngor Llyfrau Cymru

Cyhoeddwyd ac argraffwyd yng Ngymru gan:
Y Lolfa Cyf., Talybont, Ceredigion SY24 5AP
e-bost ylolfa@ylolfa.com
gwefan www.ylolfa.com
ffôn +44 (0)1970 832 304
ffacs 832 782

Cynnwys

Angorfa . . . 6

Ceirios . . . 9

Rhydfelen . . . 13

Seren Wen . . . 17

Am Roddi Inni . . . 21

Y Concorde . . . 24

Breuddwyd . . . 27

Y Gôl-geidwad . . . 29

Rhyfeddodau . . . 34

ANGORFA

J Eirian Jones

Angorfa

1. Pan fyddo'r seiliau'n siglo
   A chraciau yn y mur,
   Pob diwrnod yn ddiwaelod,
   Pob nos ddi-gwsg mor hir.
   O weld Dy fap fe allaf droi
   A dod o hyd i'r ffordd osgoi.

2. Pan fyddo'r bywyd modern
   Yn hyrddio'n wyllt ymlaen,
   A nerth y corff a'r meddwl
   Yn plygu dan y straen,
   O gael Dy fap caf weld y daith
   Fel na wnaf golli'r ffordd 'run waith.

3. Pan fyddo hwyrnos bywyd
   Yn hofran uwch fy mhen,
   A brws yr Artist mwyaf
   Yn prysur dduo'r nen,
   Bydd hyn yn arwydd clir i mi
   I blygu'r map, a diolch i Ti.

                                D R Davies

CEIRIOS

J Eirian Jones

Ceirios

1. Ar gynfas mawr y byd
   Mae myrdd o liwiau,
   A Thi yw'r artist mawr
   Fu'n creu y gwyrthiau;
   Daw gwledd i'n llygaid ni Dduw
   Pan dry Dy liwiau oll yn fyw.
   Daw gwledd i'n llygaid ni Dduw
   Pan dry dy liwiau, liwiau oll yn fyw.

2. I'r dderwen yn fy ngardd
   Gwnest werdd wisg gynnar,
   A rhoi'n ei horiel fawr
   Gymanfa'r adar
   O diolch Dduw am lunio'r gân,
   A'i dysgu i'r holl adar mân.
   O diolch Dduw am lunio'r gân,
   A'i dysgu i'r holl, i'r holl adar mân.

3. Pan welwn tua'r bae
   Ar awr y machlud,
   Awgrym o'th aberth drud
   Ar donnau gwaedlyd,
   Fel plant pob oes fe roddwn ni
   Ein moliant i Dy gread Di.
   Fel plant pob oes fe roddwn ni.
   Ein moliant i Dy gread Di.

         D R Davies

RHYDFELEN

J Eirian Jones

Rhydfelen

1. Diolchwn o Dduw am genhadon
    A gludodd d'efengyl i'n gwlad,
    Efengyl o obaith i gyd-ddyn,
    Efengyl sy'n cynnig glanhad;
    Mawrygwn genhadaeth arloesol
    Y dewrion a fynnodd ymroi
    I lifo'n ddefnynnau byrlymus
    A chadw dy rod Di i droi.

2. Diolchwn am iti, drwy'r oesau,
    Ddiwallu anghenion y saint,
    A selio ar feddwl pob cennad
    Bod 'mestyn dy deyrnas yn fraint;
    Er dioddef gorthrymder ac amarch,
    Gwasanaeth a fynnet ei roi,
    Trwy lifo'n ddefnynnau diwyro,
    A chadw dy rod Di i droi.
    Trwy lifo'n ddefnynnau diwyro
    A chadw dy rod Di i droi.

3. Diolchwn yn awr am 'r efengyl
    Trwy wisgo dy enw â chlod,
    Trwy gefnu ar lwybr difrawder
    A throi i wynebu dy rod;
    Rho obaith d'efengyl i'n cynnal,
    A dygnwch dy ras i'n cyffroi
    I lifo'n ddefnynnau dros Iesu
    A chadw dy rod Di i droi.
    I lifo'n ddefnynnau dros Iesu
    A chadw dy rod Di i droi.

                                    Alice Evans

Seren Wen

J Eirian Jones

Seren Wen

Mae'r nos heb sêr na lloer,
Mae'n noswyl y Nadolig,
Ac adar mud y coed
Sy'n dyrrau bach crynedig.
Mae cwsg fel llen yn cau
A minnau af mewn breuddwyd
Ar flaenau traed i sbecian
I grud yr Un a anwyd
I'r byd yn Seren Wen
Sy'n gwenu arnom ni,
A'n cymell ninnau i roi gwên..
Seren Wen, Seren Wen,
Mae'th angen heno i oleuo'r byd.

Dewch chwithau gyda mi,
Mae'n noswyl y Nadolig,
Mae'r stryd heb drampian traed
A'r siopau yn gaeedig.
Awn oll ar daith yn awr
Ar adain hud dychymyg
A sbio drwy y drws
Ar grud y Mab rhoddedig
I'r byd yn Seren Wen,
Sy'n gwenu arnom ni,
A'n cymell ninnau i roi gwên.
Seren Wen, Seren Wen,
Mae'th angen heno i oleuo'r byd.

John Beynon Phillips

Am Roddi Inni

J Eirian Jones

Am Roddi Inni

1. Am roddi inni, Dad y wyrth o fyw,
   Mewn Creadigaeth hardd o lun a lliw,
   Am gael cymdeithas wâr, gymdogol, glyd
   A chariad aelwyd lle mae'r teulu 'nghyd.
   Diolchwn i Ti am yr holl, O Dduw,
   Sy'n gwneud ein bywyd brau yn werth i fyw.

2. Mae grym y cread yn Dy gariad pur,
   A holl gadernid nef tu ôl i'r gwir,
   Breichiau tragwyddoldeb ddeil y gwan,
   A'th dyner law, O Dduw, a'n cwyd i'r lan.
   Rho inni'r ysbryd dwyfol sy'n bywhau,
   A'r cariad geidw'n gynnes wrth barhau.

3. Dy eiddo Di yw'r hyn a fu, O Dduw -
   Y saint a'r cewri, ein cyndeidiau triw;
   Dy eiddo Di yw'r rheini'r dyddiau hyn,
   A geidw'n ffyddlon gyda'u fflam ynghyn.
   A'th eiddo Di fydd eto'r to a ddaw,
   Gânt hwythau gerdded rhagddynt yn dy law.
   Mae cân o ddiolch lond fy enaid i,
   A'i harllwys wnaf, O Dad, mewn mawl i Ti.

   Dr D Elwyn Davies

Y CONCORDE

J Eirian Jones

Y CONCORDE

Edrychwch – dacw'r Concorde
Awyren ddruta'r byd,
Wel tydi'n fawr, mi hoffwn
Gael teithio ynddi'n glyd.

Fel deinasor fe gyfyd
Fry i entrychoedd nen,
Anghenfil o awyren
Yn rhuo uwch fy mhen.

Ymrwygo o afael daear
A'i sŵn fel taran gref,
Nes toddi'n smotyn arian
A diflannu yng nglas y nef.

Mi hoffwn i gael myned
Mewn Concorde rownd y byd,
A mynd ar wib drwy derfyn sŵn;
Ys gwn i ydio'n ddrud?

Selwyn Griffith

Breuddwyd

J Eirian Jones

Breuddwyd

1. Mi welais beth neithiwr
    Nas gwelais erioed –
     Soser o'r gwagle
    Yn glanio'n y coed;
     Drysau yn agor,
      Ac yna i'n plith
    Daeth dynion bach digri
     I ddawnsio'n y gwlith.

2. Be wela i heno?
    Wel, wn i ddim wir,
    Ond gwelais y dynion
     Bach digri yn glir,
    Does neb yn fy nghoelio
     A wn i ddim pam,
    Fe'u gwelais – do, neithiwr,
     A dwedais wrth Mam.

                    Selwyn Griffith

Y Gôl-geidwad

J Eirian Jones

Y Gôl-geidwad

1. Dewch gyda fi am dro,
I lawr i goed y Ddôl,
Mae'r gêm bêl-droed ar gychwyn,
A fi yw'r ceidwad gôl.
Rwyf wrth fy modd yn arbed
Y peli gyda'm llaw,
Neidio i fyny'n uchel,
A deifio yn y baw.

Cytgan
A fi yw'r ceidwad gôl,
A fi yw'r ceidwad gôl;
Mae'r gêm bêl-droed ar gychwyn,
A fi yw'r ceidwad gôl.

2. Clywch y dyrfa'n bloeddio'n gryf
'Bagla fe'meddai Glyn,
A'r reffarî yn pwyntio
Yn syth i'r smotyn gwyn.
'PENALTI!', a minnau
Yn crynu yn y gôl.
Ond deifio'n chwim a wnes i'r chwith,
A tharo'r bêl yn ôl.

3. Mae sŵn y dorf fel taran fawr,
Yn atsain yn fy nghlust,
Ar ôl im arbed ergyd dda
Rhag myned rhwng y pyst.
Ni fynnaf frolio f'hunan,
Ond wir mae gen i ffydd,
Rwy'n siŵr o fod yn gôli,
I Gymru fach ryw ddydd.

Selwyn Griffith

Rhyfeddodau

J Eirian Jones

Rhyfeddodau

Mae'r sebra yn swagro
O gwmpas y sŵ
Yn gwisgo crys rygbi,
Medden nhw.
Ac mae'r eliffant mawr,
Yn ôl pob sôn,
Yn defnyddio'i drwnc
I ddeialu'r ffôn.

Cytgan
Ai gwir yw hyn?
'Wel, ie,' medden nhw,
'O, gwir pob gair'-
'Nôl y Gwdihŵ.

Mae Mister Crwban
Yn dweud y drefn
O orfod cario
Ei dŷ ar ei gefn.
A'r neidr gantroed
Sy'n cwyno o hyd
Am fod esgidiau
Yn costio mor ddrud.

Selwyn Griffith